COUR DE CASSATION DE LEIPZIG

AFFAIRE

DE LA

RÉUNION ALSACIENNE DE MULHOUSE

PRÉVENTION D'ASSOCIATION NON AUTORISÉE

MÉMOIRE A CONSULTER

CONSULTATION

PARIS

IMPRIMERIE MODERNE (BARTHIER DIRECTEUR)

61, RUE JEAN-JACQUES-ROUSSEAU, 61

1873

AFFAIRE

DE LA

RÉUNION ALSACIENNE DE MULHOUSE

PRÉVENTION D'ASSOCIATION NON AUTORISÉE

MÉMOIRE A CONSULTER

CONSULTATION

PARIS

IMPRIMERIE MODERNE (BARTHIER DIRECTEUR)

61, RUE JEAN-JACQUES-ROUSSEAU, 61

1873

MÉMOIRE A CONSULTER

Les soussignés :

1° Bontemps-Rieffel, négociant ;

2° Camille Chatel, négociant ;

3° Émile Knellwolff, manufacturier ;

4° Désiré Altenberger, négociant ;

5° Auguste Blanchet, négociant ;

6° Charles Oberlin, secrétaire chef de la mairie de Mulhouse ;

7° Léon Schein, négociant ;

Tous habitants de Mulhouse,

Se sont pourvus devant la Cour de Cassation de Leipzig, contre un jugement de 1re instance en date du 20 mars 1873, et contre un jugement d'appel en date du 23 avril suivant, rendus par le tribunal de Mulhouse.

Ces jugements les ont condamnés à l'amende pour délit d'association illicite, en leur appliquant l'art. 291 du Code pénal français et l'art. 1er de la loi du 10 avril 1834, maintenus, dit-on, en vigueur dans l'Alsace-Lorraine.

Les soussignés demandent si ces jugements ne doivent pas être cassés,

1° Pour violation des règles fondamentales de la procédure criminelle ;

2° Pour fausse application des lois précitées.

Voici les faits qui ont donné lieu à ce procès :

Vers la fin de l'année 1870, MM. Bontemps-Rieffel, Altenberger, Knellwolff, Buhl, eurent l'idée de fonder un *Casino privé*, destiné à servir de lieu de réunion pour eux et leurs amis.

Ils demandèrent l'autorisation à la Commission municipale de Mulhouse, la seule autorité qui existât alors. — Cette autorisation leur fut accordée. — Elle a été produite dans le procès.

Des statuts furent alors délibérés et arrêtés par les sociétaires.

Dans ces réunions on donnait des concerts ; on y soupait en famille ; rien n'était plus pacifique.

Dans le courant de mars 1871, le directeur du Cercle (sous-préfet) demanda à connaître l'autorisation donnée à la société. Elle lui fut communiquée ; elle lui parut alors suffisamment régulière, et, pendant plus d'une année, la *Réunion privée* put continuer paisiblement son existence.

Cependant il paraît que le nombre toujours croissant des sociétaires déplut à la police.

Le 5 avril 1872, un arrêté de dissolution fut notifié.

Le prétexte fut que l'autorisation donnée par la Commission municipale était insuffisante !

Le directeur du Cercle avait mis une année à s'en apercevoir !

La *Réunion privée* fut immédiatement fermée par la police.

Mais, le 20 avril, elle adressa une nouvelle demande d'autorisation. — Cette demande ne fut pas accueillie.

Comme la société ne pouvait plus se réunir à Mulhouse, même pour sa liquidation, tous les associés furent convoqués à Bâle, le 12 juin 1872.

Un procès-verbal de liquidation fut dressé ; il a été communiqué à M. le juge d'instruction.

La *Réunion privée* avait donc vécu.

Ses statuts étaient morts avec elle depuis le 5 avril 1872.

Mais pendant que la *Réunion privée* existait, un projet d'un grand

Casino d'été, sous la dénomination de *Réunion alsacienne*, avait été conçu.

Avant la guerre de 1870, il y avait à Mulhouse un Jardin Zoologique. Sa vaste étendue de 8 à 10 hectares, ses beaux ombrages, ses vastes pelouses, offraient aux habitants de Mulhouse une promenade dont l'accès était ouvert pour un minime droit d'entrée.

Des jeux de quilles et de boules, un appareil gymnastique offraient aussi d'innocents amusements aux enfants de la ville.

Après la guerre, le jardin fut fermé, les animaux vendus.

Ce jardin avait été, pour ainsi dire, la seule promenade de Mulhouse.

La ville n'avait plus de promenade.

MM. Bontemps-Rieffel, Oberlin, Altenberger, Schein, Knelwolff, et treize de leurs amis formèrent le projet de rendre ce jardin au public de Mulhouse.

Le 4 mars 1870, M. Bontemps-Rieffel fut autorisé, par un écrit signé de 18 personnes, à s'entendre avec le secrétaire de l'ancienne société Zoologique, et le même jour une promesse de bail de 3 années fut signée. — Le loyer fut de 750 fr. par an. — Le bail définitif fut ensuite signé par trois délégués agissant au nom et avec les pouvoirs des 18 locataires.

Pour appeler le public, il fallait avancer des frais assez considérables. On se mit en rapport avec M Kahnacker, horticulteur à Mulhouse, pour orner et entretenir le jardin ; avec M. Rey-Jourdain, ancien directeur du théâtre, pour monter un orchestre et s'assurer des artistes. — Le devis des dépenses fut évalué à près de 20,000 fr.

La demande d'autorisation était prête et tout allait s'organiser, lorsque l'arrêté de dissolution qui vint frapper la *Réunion privée*, donna à réfléchir aux locataires du Jardin Zoologique ; ils pensèrent, non sans raison, qu'après qu'ils auraient fait de grandes dépenses, on pourrait agir vis-à-vis d'eux comme vis-à-vis de la *Réunion privée*. A peine autorisé, le Casino d'été, s'il venait à déplaire à la Police, se trouverait exposé à être fermé subitement. — Ils résolurent d'attendre des temps plus propices pour mettre leur projet à exécution.

En attendant et pour que le jardin ne restât pas sans emploi, ils l'offrirent au comité de la *Réunion privée* qui allait faire la demande de réouverture de son cercle. Ce comité accepta l'offre et comprit dans la demande de réouverture de son local, une demande d'ouverture du Jardin Zoologique, *mais pour ses membres seulement*. Cette demande fut rejetée (1). — Le jardin resta alors à la charge des 18 fermiers qui prirent le parti de le conserver pour eux et leurs familles.

On avait, dès le mois de mars, fait imprimer deux sortes de cartes, des cartes *blanches* destinées aux fondateurs et aux futurs abonnés, et des cartes *rouges* pour les invités. L'organisation projetée ayant échoué, on se servit des cartes rouges pour faciliter l'entrée du jardin à l'accordeur de piano, aux musiciens, aux jardiniers, aux gens de service.

Ces cartes dispensaient d'autorisations écrites à la main.

Telle est l'origine et l'explication de ces cartes *blanches* et *rouges* qui ont joué un grand rôle dans le procès.

Les dix-huit locataires avaient donc dû renoncer à l'idée d'ouvrir le Casino d'été. — Mais ils avaient à leur charge le loyer du jardin. — Paieraient-ils ce loyer pour ne jouir de rien ?

Chacun d'eux, comme *communiste*, avait droit d'entrée dans le jardin, de s'y promener, d'y respirer l'air avec sa femme et ses enfants.

Mais le jardin était gardé par un portier. — Comment chacun de ces dix-huit communistes, inconnus au portier, pourrait-il entrer dans *son* jardin, dans *sa propre chose*? — Une *carte blanche* servit à le faire reconnaître.

---

(1) Les jugements se trompent lorsqu'ils disent qu'une demande d'ouverture du Casino Zoologique avait été adressée par les dix-huit locataires. La demande n'avait été adressée que par le comité de la *Réunion privée*; elle était sous les yeux des juges, qui pouvaient reconnaître qu'elle n'était signée par aucun des dix-huit fermiers. — Confusion malheureuse qui a pu influer sur les jugements.

Lorsque le jardin avait besoin d'être entretenu, les allées d'être nettoyées, on remettait une *carte rouge* au jardinier, et il entrait.

Si quelque réparation intérieure était nécessaire, on remettait au tapissier, au vitrier, au menuisier, au peintre, une *carte rouge*, qu'il rendait quand il avait fini son ouvrage. — L'allumeur des luminaires avait aussi une carte rouge.

Des cartes rouges étaient aussi remises à des artistes : — M. Antoine, professeur de violon à Mulhouse, témoin à décharge entendu à l'audience du 20 mars 1873, a déclaré qu'il avait été appelé et *payé* comme accompagnateur. Pour pouvoir entrer dans le jardin, il avait reçu une *carte rouge*, qu'il rendit le lendemain.

M. Goetz, marchand de musique et loueur de pianos, avait une *carte rouge* qui lui permettait d'aller accorder le piano et de porter les morceaux de musique demandés par tel ou tel locataire. — Témoin à décharge, il a été entendu.

Ces deux dépositions doivent être consignées dans la feuille d'audience.

C'est ainsi que des cartes rouges ont été remises à des artistes, MM. Nicot, Krantz, Rey-Jourdain et Kammerer.

Les dix-huit locataires, véritables communistes, avait chacun (*ut singuli*) le droit incontestable d'entrer dans le jardin loué en commun. —Sous peine de commettre le délit d'association illicite, leur était-il défendu de se parler quand ils se rencontraient? — Devaient-ils se fuir les uns les autres? — Ne leur était-il pas permis de jouer ensemble aux boules, aux quilles? — Ne leur était-il pas aussi permis de convenir que, tel jour, ils feraient de la musique, ou même que les jeunes filles pourraient danser au piano?

En vertu de ce droit, les locataires se donnèrent entre eux ce que la prévention a appelé TROIS GRANDES FÊTES, dont la plus *grande* et la plus nombreuse fut celle du 4 septembre 1872, où les jugements prétendent qu'il assista *vingt-deux* personnes, toutes investies du titre de sociétaires. — Quelles fêtes ! — Quelles grandes fêtes !

Tous sociétaires ! — Mais, sur ces vingt-deux personnes, les jugements reconnaissent que *quatre* étaient des artistes *payés pour faire de la musique* avec les véritables locataires.

M. Nicot est un premier prix du Conservatoire de musique de Paris ; il a été attaché à l'Opéra-Comique. Il demeure à Paris. Il faisait une tournée pour donner des concerts. — Le 4 septembre, il était de passage à Mulhouse. — On le prie de chanter au jardin, il y chante le soir, on le *paie*, il repart le lendemain. — Associé d'un jour ! d'une soirée !

M. Rey-Jourdain est l'ancien directeur du théâtre de Mulhouse. C'est un artiste ; il chantait sur son théâtre. Il a chanté au jardin le 4 septembre.

M. Krantz est aussi un premier prix du Conservatoire de musique de Paris. Il n'habite pas Mulhouse. Le 4 septembre, il était de passage dans cette ville ; il a joué de la flûte au jardin dans la même soirée du 4 septembre.

MM. Rey-Jourdain et Krantz, entendus dans l'instruction écrite, ont reconnu qu'ils avaient été *payés*. — Singuliers associés ! — Ordinairement les associés paient ; il n'y a qu'à Mulhouse où les associés sont payés !

M. Kammerer est un violoniste, amateur distingué. Il a joué *une seule fois* dans la soirée du 4 septembre.

Ce sont ces quatre artistes, dont *trois* ont reçu des salaires, que les jugements ont réunis aux dix-huit locataires pour compléter, dans la soirée du 4 septembre, le nombre de vingt-deux associés coupables d'association illicite !

Quant aux *deux autres grandes fêtes*, nul passage dans les jugements n'*affirme* une réunion de plus de vingt personnes.

De sorte que les consultants ont été condamnés comme coupables d'association illicite, pour avoir assisté *une seule fois* à *une seule réu-nion* qui aurait été composée de plus de vingt personnes ! — Est-ce là l'esprit de la loi sur l'association illicite ?

La soirée du 4 septembre, où quelques personnes eurent la malheureuse idée de boire à la santé de M. Thiers, fut fatale aux locataires du jardin.

Le 4 septembre, vers dix heures du soir, après que chaque famille eut soupé séparément dans le jardin, les dames, chassées par la fraîcheur, s'étaient retirées dans le kiosque; l'une d'elles préludait sur le piano. — Tout à coup, un inspecteur de police, escorté de plusieurs agents, fit irruption dans le châlet, imposa silence au piano et somma les assistants de se disperser immédiatement; — sinon, il les dispersera par la force : « le sang dût-il couler, il coulera ! »

Cette menace n'était que ridicule.

Chacun se retira paisiblement. — Le jardin est fermé depuis ce moment. et, sans en jouir, les communistes paient le loyer.

Puis une instruction dura six mois, dans le but de justifier cette invasion inconcevable de la police; on voulait établir qu'il y avait une association de plus de vingt personnes, — un délit.

Après six mois, quand on crut avoir trouvé vingt-deux associés, en ajoutant quatre musiciens aux dix-huit locataires, vingt et un d'entre eux furent traduits devant le tribunal correctionnel, et, malgré la plaidoierie habile et éloquente de leur défenseur, M. le docteur Otto Mayer, ils furent condamnés, le 20 mars 1873, à quelques thalers d'amende, pour délit d'association « complétement inoffensive! »

Forts d'avoir été déclarés « *honnêtes gens, de bonne réputation, coupables seulement d'une réunion complétement inoffensive,* » treize d'entre les condamnés se pourvurent par appel. — Ils pouvaient espérer un acquittement; il leur semblait qu'il n'y avait jamais de délit sans intention coupable.

Leur appel mécontenta au plus haut degré l'organe du ministère public, qui, lui-même, interjeta appel *à minima*. — La veille de l'audience, il manda leur avocat au parquet et lui déclara que, s'il n'y avait pas désistement de l'appel, il transformerait la prévention en prévention de *société secrète*, et que la question serait portée sur le terrain politique. — Si, au contraire, les appelants se désistaient, il se désisterait lui-même de son appel *à minima*.

Les consultants ne purent croire qu'une association qui avait été déclarée *inoffensive* par les premiers juges, perdît ce caractère devant un tribunal supérieur; ils persistèrent dans leur appel.

Devant les juges de première instance, le ministère public avait lui-même sollicité les *circonstances atténuantes* en faveur des prévenus. — Devant les juges d'appel, il changea de langage et conclut, contre chacun des appelants, à une condamnation en deux mois d'emprisonnement et à une amende de 50 francs!

Le 23 avril 1873, les juges d'appel confirmèrent la sentence, et aggravèrent la peine en portant l'amende à 100 thalers contre chacun des appelants.

Avant de transcrire ici les textes des deux jugements du 20 mars et 23 avril 1873, les consultants doivent signaler un fait capital. — A l'audience du 20 mars, en première instance, aucun des témoins interrogés dans l'instruction préparatoire et secrète ne fut entendu par le tribunal, et le ministère public déclara qu'il renonçait à leur audition. — Cette déclaration est consignée sur la feuille d'audience tenue par le greffier. — Deux témoins *à décharge*, M. Antoine, professeur de violon à Mulhouse, et M. Goetz, marchand de musique et de pianos, furent seuls entendus publiquement, sous la foi du serment.

Maintenant, voici les textes des deux jugements, de première instance et d'appel :

JUGEMENT DU 20 MARS 1873 (1re INSTANCE)

« Le Tribunal de Mulhouse, dans l'audience publique de police correctionnelle du 20 mars 1873, où étaient présents MM. le comte de Marogua, président de chambre; Gebhard, docteur Hopé, juges; Schaeffer, procureur, et Grobhoffer, secrétaire, a rendu le jugement suivant dans l'affaire du ministère public contre :

« 1º Bontemps-Rieffel, négociant, demeurant à Mulhouse, marié;

« 2º Eugène de Pouvourville, agent d'assurances, à Mulhouse, marié;

« 3º Camille Risler, négociant, à Mulhouse, marié;

« 4º Auguste Belin, agent d'assurances, à Mulhouse;

« 5º Adolphe de Pouvourville, receveur municipal à Mulhouse, marié;

« 6º Camille Chatel, marié;

« 7º Achille Voirin, représentant de commerce, marié;

« 8º Émile Knellwolff, manufacturier, marié;

« 9º Eugène Bühl, négociant;

« 10º Altenberger (Emile-Désiré), négociant ;

« 11º Blanchet (Auguste), négociant à Mulhouse, marié ;

« 12º Carrey (Jules), employé chez MM. Thierry-Mieg, à Mulhouse, marié;

« 13º Gros (Jules-Gabriel), marié;

« 14º Oberlin (Charles-Henri), secrétaire chef de la mairie de Mulhouse;

« 15º Papin (Célestin), vétérinaire, à Mulhouse;

« 16º Platen (Jules), gérant de MM. Heilmann frères ;

« 17° Tesché (Jules), commissionnaire, marié,

« 18° Schein (Léon), négociant à Mulhouse ;

« 19° Klenck (Auguste), professeur ;

« 20° Schwob (Emile), manufacturier, marié ;

« 21° Krantz (Léon-Adolphe), musicien ;

« Les n°s 7, 9 et 20 absents, tous les autres comparant en personne ;

« Ouï le ministère public dans son exposé, duquel il résulte que les prévenus sont accusés d'avoir, du mois d'avril au mois de septembre 1872, fait partie d'une société non autorisée de plus de vingt personnes, ayant des *réunions occasionnelles* dans un but *d'amusement et de distraction en commun.*

« Après avoir entendu les explications des prévenus ;

« Après avoir entendu les témoins qui avaient prêté serment (1) ;

« Après avoir entendu le ministère public dans ses conclusions, demandant que tous les prévenus soient déclarés coupables (y compris Achille Voirin, Eugène Bühl et Émile Schwob, par défaut), du fait à eux reproché, et condamnés *sous le bénéfice de l'admission des circonstances atténuantes*, savoir : Bontemps-Rieffel, Eugène de Pouvourville et Camille Risler, chacun à 80 francs d'amende, et les autres à 20 francs d'amende, ainsi qu'aux frais solidairement.

« Après avoir délibéré,

« Considérant que les prévenus Achille Voirin, Eugène Bülh et Emile Schwob, bien que dûment assignés à cette audience, ne sont pas comparus et qu'il y a lieu de statuer à leur égard par défaut ;

« Considérant qu'il a été établi par les débats de ce jour qu'il a été fondé en 1871, à Mulhouse, sous la dénomination de *Société privée*, une réunion pour la création de laquelle on ne s'était pas pourvu d'autorisa-

---

(1) Ces témoins entendus sont les *deux seuls* témoins *à décharge* produits par les prévenus. (Voir la feuille d'audience.)

— 13 —

tion de l'autorité compétente (1), et qui a été dissoute par décision de la
Kreiss-Direction, du 5 avril 1872.

« Qu'immédiatement après, plusieurs membres de la Société dissoute, sous la direction du prévenu Bontemps-Rieffel, ont loué, moyen-
nant un fermage annuel de 750 fr., le jardin Zoologique de Mulhouse,
et y ont tenu, dès le *mois de juillet*, à plusieurs fois réitérées, des réunions privées.

« Que cette nouvelle Société s'est recrutée presqu'exclusivement
parmi les membres de la société dissoute, et qu'elle s'est adressée à la
Kreiss-Direction pour en obtenir l'autorisation nécessaire, laquelle
lui a été formellement refusée. (2)

« Que le nombre des sociétaires n'a pas été toujours le même, mais
qu'il résulte des constatations faites qu'il a atteint *son plus haut chiffre*
le jour du 4 sepetmbre 1872 ;

« Que si le but de la Société a été de fournir aux sociétaires, à
leurs familles et à leurs amis, un point de réunion pendant l'été, elle
n'en tombe pas moins sous l'application de l'art. 291 du Code pénal et
de l'art. 1 de la loi du 10 avril 1834 (dispositions maintenues par le Code
pénal allemand), pour avoir été formée sans autorisation préalable, et
avoir fonctionné en *dépit de la défense de l'autorité* (3) ;

« Considérant, il est vrai, que les prévenus allèguent, à l'audience
de ce jour, que le nombre de sociétaires n'a jamais dépassé 20 ; qu'ils
soutiennent au contraire que le chiffre simultané des fermiers du Jardin
Zoologique n'a jamais été au dessus de 16, et que, comme conséquence
de ce fait, il n'y a pas eu un chiffre plus grand de membres de la société,
auxquels on a délivré, à ce titre, une *carte blanche* de fermier ;

---

(1) Il y a là une erreur de fait. La société privée avait été autorisée par la commission provisoire ; — mais peu importe, puisque cette société n'est pas en cause.

(2) Tout ce récit est erroné (voir. p. 6),

(3) Point de fait erroné. La *Société privée* avait été seule interdite.

« Que cependant, il est établi par les constatations faites, qu'à l'époque de la réunion du 4 septembre 1872, le nombre de membres munis de *cartes blanches*, en en défalquant même le prévenu Risler, qui a quitté la Société fin juin, ainsi que le prévenu J.-G. Gros, qui s'est déclaré prêt à en faire partie au mois d'août, et dont les déclarations vraisemblables n'ont pas été contredites, s'élevait au moins à 18, savoir : les prévenus Bontemps, Adolph. de Pouvourville, Belin, Knellwolff, Bühl, Altenberger, Blanchet, Carrey, Oberlin, Papin, Platen, Tesché, Schein, Klenck et Schwob, auxquels il y a lieu d'ajouter le prévenu Voirin et le sr Camille Chatel, qui avait pris la place du prévenu Risler, sorti de la société ;

« Que les accusés soutiennent, il est vrai, que le prévenu Voirin a été admis, dans la Société, en remplacement de Schwob, membre sortant, mais que cette assertion est en contradiction avec les dépositions faites par ces deux prévenus pendant l'information, qui sont convenus avoir été, au 4 septembre 1872, en possession de *cartes blanches*, avoir payé leur part de cotisation, et avoir assisté à la fête de ce jour ;

« Qu'à ces 18 sociétaires il convient d'ajouter une série d'autres membres, pourvus de *cartes rouges*, et dont le prévenu Bontemps-Rieffel fixe lui-même le nombre à 7 ou 8.

« Que la possession de ces *cartes rouges* autorisait, non-seulement le titulaire, mais aussi sa famille et d'autres de ses adhérents à fréquenter le jardin à toute heure, et à prendre part, à l'instar des fermiers, aux réunions qui y avaient lieu ;

« Qu'il est dès lors complétement indifférent que les possesseurs de ces cartes rouges aient été soumis ou non à des obligations particulières envers la Société, à l'occasion de réunions communes ; — et qu'aux yeux de la loi ils doivent être considérés comme membres de la Société, *encore bien qu'ils auraient reçu un salaire pour leur concours musical*, attendu que la nature de la Société ne saurait être altérée par le fait qu'il s'y trouvait des membres payants et des *membres payés ;*

« Que les possesseurs de ces *cartes rouges* doivent d'autant plus être considérés comme membres de la Société qu'ils *coopéraient essentiellement à la réalisation du but de la Société*, et qu'ils étaient, sous ce rapport, unis par le même lien avec les titulaires des *cartes blanches ;*

« Que les prévenus, pénétrés de la réalité de cette situation, ont déclaré que les possesseurs de ces cartes rouges avaient été seulement membres honoraires de la Société dissoute, dite *Réunion privée,* et non pas membres actifs de cette Société ;

« Que cette assertion est en contradiction avec les statuts de cette dernière société, qui exclut formellement de son sein les membres honoraires ;

« Qu'en outre, la plupart des possesseurs de ces *cartes rouges* étaient membres de la *Réunion privée* dissoute, et que cette circonstance explique leur affinité avec la *Société alsacienne* ;

« Qu'au surplus, il a été établi que les possesseurs de *cartes rouges,* Krantz, Aug. Rey dit Jourdain, le commis Kammerer et un certain Nicot, faisaient simultanément partie de la société le 4 septembre 1872;

« Qu'en ajoutant, par conséquent, ces quatre porteurs de *cartes rouges* aux dix-huit personnes porteurs de *cartes blanches,* on trouve, au 4 septembre 1872, un chiffre de vingt-deux sociétaires, nombre qui excède visiblement celui déterminé par la loi;

« Considérant que les prévenus soutiennent que leur société était dépourvue de toute organisation, qu'elle ne possédait notamment ni président, ni caissier, ni comité;

« Que ce point est indifférent aux yeux de la loi, et qu'une société de plus de vingt personnes, même organisée verbalement en dehors de l'autorisation de l'autorité compétente, tombe sous l'application de la loi pénale ; que finalement il est indifférent que la société s'occupe d'objet politique ou de tout autre, et que l'objection faite à cette occasion n'est pas admissible ;

« Considérant, d'après ce qui précède, qu'à l'exception des prévenus

Risler et Gros, il y a lieu de déclarer tous les autres prévenus coupables du fait qui leur est imputé, et de les punir en conformité de la loi du 10 avril 1834 ;

« Que, cependant, il existe en faveur des accusés des *circonstances atténuantes, à raison même du but complétement inoffensif de leur association; qu'ils sont, au surplus, tous d'honnêtes gens et de bonne réputation*, et qu'une amende mesurée paraît suffisante pour le redressement de leur *écart de conduite* ;

« Qu'au surplus, il y a lieu d'infliger une peine plus forte au prévenu Bontemps, en sa qualité de directeur de la société ;

« Pour ces motifs, et au vu, et après lecture des articles de la loi qui portent : (ici le texte de l'art. 291 du Code pénal, de l'art. 1 de la loi du 10 avril 1834, de l'art. 2 *ibid.*, de l'art. 463 du Code pénal, de l'art. 11, § 2 de la loi introductive du Code pénal, de l'art. 15 de la loi additionnelle, des art. 186, 194 et 366 du Code d'instruction criminelle ;

« La chambre de police correctionnelle, prononçant en première instance :

« Déclare, à l'exception de C. Risler et de J.-G. Gros, tous les prévenus, y compris Voirin, Bühl et Schwob, qui ont fait défaut, coupables d'avoir, depuis le mois d'avril (1) jusqu'au 4 septembre 1872, fait partie, à Mulhouse, d'une société non autorisée de plus de vingt personnes, ayant des réunions *occasionnelles* dans un but *d'amusement* et de *distraction en commun*, et condamne le prévenu Bontemps-Rieffel à 10 thalers d'amende, event en trois jours de prison, et tous les autres prévenus à 5 thalers, event en un jour de prison, et tous solidairement aux dépens liquidés à 82 francs 20 centimes.

---

(1) Un autre considérant du jugement constate qu'il n'y a eu des réunions au Jardin Zoologique que depuis le mois de juillet (voir p. 13),

« Relaxe les prévenus Risler et J.-G. Gros, des poursuites, sans frais.

« Ordonne la restitution à qui de droit des pièces de conviction.

« *Signé*, etc.»

JUGEMENT D'APPEL DU 23 AVRIL 1873

« Dans la séance publique du 23 avril 1873, le tribunal régional de Mulhouse, siégeant en chambre d'appel de police correctionnelle, où étaient présents MM. Hofinger, président, Wolff, Sauerland, Wintersohladen, baron Stengel, juges; Hienten, procureur impérial, et Stahl, greffier, a rendu le jugement suivant dans l'affaire concernant :

« 1º Bontemps-Rieffel, négociant;

« 2º Eugène de Pouvourville, agent d'assurances;

« 3º Ad. de Pouvourville, receveur municipal;

« 4º Camille Chatel, négociant;

« 5º Emile Knellwolff, manufacturier;

« 6º Henri-Désiré Altenberger, négociant;

« 7º Auguste Blanchet, négociant;

« 8º Jules Carrey, représentant de commerce;

« 9º Charles Oberlin, secrétaire-chef de la mairie;

« 10º Célestin Papin, vétérinaire;

« 11º Jules Tesché, commissionnaire en marchandises;

« 12º Léon Schein, négociant;

« 13º Louis-Adolphe Krantz, artiste musicien.

« Tous demeurant à Mulhouse (1), présents à l'audience, à l'exception du nº 13, appelants d'un jugement du tribunal de police correction-

---

(1) M. Krantz ne demeure pas à Mulhouse, mais à Paris.

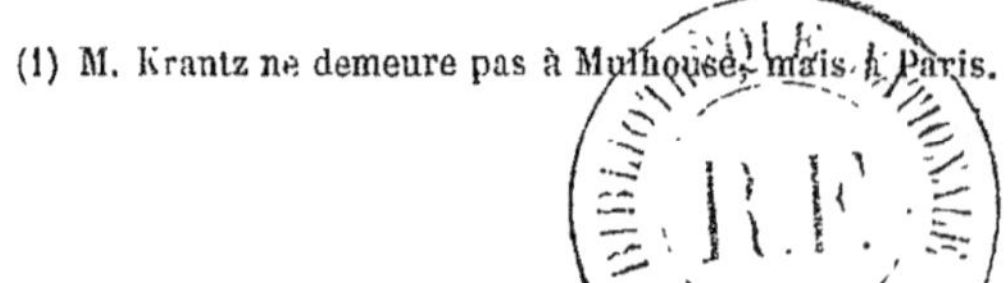

nel du 20 mars 1873, à l'encontre du ministère public, qui, de son côté, a interjeté appel contre le même jugement en ce qui touche les appelants.

« Après lecture du rapport de M. le juge-rapporteur Wolff,

« Après examen et *lecture* de l'ensemble des pièces du procès et notamment :

« 1° Du jugement incriminé du 20 mars 1873,

« 2° Des déclarations d'appel des 29 et 30 mars 1873.

« Après avoir entendu les explications des appelants, sur le fait à eux reproché, ainsi que les moyens de défense de leur avocat Dr Mayer, concluant à l'acquittement ;

« Après avoir entendu les réquisitions du ministère public, concluant contre chacun des appelants à un emprisonnement de deux mois de prison et à une amende de 50 francs, ainsi qu'à la condamnation aux frais des deux instances,

« Le tout à l'audience du tribunal du 21 *avril* 1873, où le prononcé du jugement a été renvoyé à l'audience de ce jour,

« Et *aujourd'hui* après avoir délibéré :

« Considérant, en ce qui concerne l'appelant Krantz, que, quoique dûment assigné, il ne s'est pas présenté et qu'il y a lieu de statuer à son encontre par défaut ;

« En ce qui concerne l'appel émis par les treize appelants :

« Considérant qu'il est établi, par les débats des deux instances, et qu'il a été décidé avec raison par les premiers juges, que tous les appelants faisaient partie d'une réunion privée, fondée à Mulhouse, dans un soi-disant but d'amusement en commun ; qu'une décision de la Kreis-Direction du 4 mai 1872 a refusé à cette société l'autorisation de se constituer qu'elle avait sollicitée (1), qu'elle s'est réunie nonobstant cette

---

(1) Erreur de fait.

défense, et a tenu, jusqu'au moment où elle a été dispersée par la police, ses réunions dans le Jardin Zoologique exclusivement loué pour les membres de la société.

« Considérant que cette société, en louant un local privé, en percevant des cotisations, en délivrant des cartes d'entrée, en poursuivant le but social par des réunions réitérées, était suffisamment constituée pour avoir les caractères d'une association tombant sous l'application des art. 291 du Code pénal et 1 de la loi du 10 avril 1834, — de manière qu'il n'y a pas lieu de s'occuper de l'organisation intérieure, qui existait *sans doute, mais qui ne peut être prise en considération par le tribunal faute de preuves matérielles.*

« Qu'une réunion de cette nature, fonctionnant sans autorisation de l'autorité, devient passible des peines précitées, du moment qu'elle se compose de plus de vingt personnes, et qu'il est indifférent qu'elle eut pour objet *l'amusement des sociétaires* ou l'accomplissement d'un objet d'une autre nature, et que les réunions soient régulièrement répétées ou seulement occasionnelles.

« Que dans ces circonstances, il ne reste plus qu'à rechercher si ladite réunion se trouvait composée de plus de vingt personnes ;

« Que naturellement les appelants ne pouvant nier d'une manière suffisante l'existence des autres éléments du délit frappé par les dispositions pénales précitées, basent le point principal de leur défense sur le moyen de réduire le nombre des membres de la société à moins de vingt personnes, et qu'ils allèguent dans cette intention que dix-huit personnes seulement étaient possesseurs de cartes blanches de fermiers, et qu'à la différence il n'a été donné que des *cartes rouges* aux personnes qui avaient accès au jardin en qualité d'invités, de membres honoraires ou d'artistes, et que ces dernières cartes ne doivent dès lors pas être portées en ligne de compte.

« Considérant que cette précaution de réduire le nombre des sociétaires nominaux au-dessous de vingt et de vouloir faire considérer le surplus des sociétaires comme simples figurants, dénote tout au plus la pensée qu'on a eu de vouloir éluder la loi ; qu'un pareil échappatoire, si l'on s'y prêtait, rendrait complétement illusoire la loi qui ne pourrait jamais être appliquée ; — ce qui ne peut être admis quand il s'agit de résoudre la question de savoir qui pratiquement est entré dans une société et en fait partie ; — que, bien au contraire, on doit, d'après l'esprit des lois précitées, compter comme membres d'une réunion tous ceux qui prennent part à l'entreprise de la société et à son objet, qui servent le but de la société et concourent à son exécution, quelles que soient les qualifications qu'on leur donne et les cartes qu'on leur distribue, et que tous *ensemble ils prennent part ou non aux soins particuliers donnés par quelques-uns des membres pour l'arrangement et l'installation du local de la réunion, pour l'organisation des fêtes ou des productions musicales.*

« Que cette participation s'étend dès lors à toutes les personnes qui ont *coopéré au but de la société,* c'est-à-dire *à l'amusement de ses membres* et qui étaient admis aux réunions, comme y étant autorisés ;

« Considérant qu'il a été établi, *par les dépositions des témoins* (1), qu'il y a eu des réunions dans ledit jardin, d'une manière permanente pendant tout l'été jusqu'au commencement de septembre ; que notamment, les mercredis et les samedis, la réunion était plus nombreuse que d'habitude, et qu'on y a tenu *trois grandes fêtes,* auxquelles ont assisté SANS DOUTE, chaque fois, beaucoup plus de vingt personnes ;

« Que ces faits, pris dans toute leur nudité, parlent d'eux-mêmes et démontrent irréfutablement que la réunion en question a outrepassé de beaucoup en nombre le chiffre critiqué ;

---

(1) Qui n'ont pas été entendus à l'audience (voir la feuille d'audience du greffier).

« Qu'au surplus, on arrive au même résultat en se basant seulement, comme le fait le premier juge, sur la distribution des cartes, fait plus que suffisant pour prouver que la société a dépassé le nombre fixé par la loi ;

« Que la demande d'autorisation qui a été faite prouve que la société se composait alors de beaucoup plus de personnes que les prévenus auraient voulu le faire croire plus tard ;

« Que dans ces circonstances, c'est avec raison que les appelants ont été déclarés coupables, et qu'en ce qui touche l'appelant Krantz, qui figure comme musicien, qu'on ne saurait l'assimiler aux gens de service et *au personnel musical payé, qui doit, bien entendu, rester ici hors de compte*, mais qu'il appartient avec les autres prévenus à une classe plus élevée et qu'il figurait au même titre que ces derniers dans l'association ;

« En ce qui touche l'application de la peine et les conclusions du ministère public ;

« Que les circonstances atténuantes retenues dans le premier jugement trouvent ici leur application, mais qu'elles ne comportent cependant pas, ainsi que cela a eu lieu, l'extension qu'on leur a donnée pour prononcer une simple amende d'ordre ;

« Qu'une peine simple aurait pu être regardée comme suffisante, si les prévenus avaient agi d'une façon irréfléchie, et avaient été amenés à faire leur entreprise par ignorance soit de la loi, soit des faits ;

« Qu'il faut admettre le contraire, attendu que la société qui existait précédemment dans la maison Wallar, sous la dénomination de *Réunion privée*, avait déjà, en avril 1872, fourni à la Kreiss-Direction matière à immixtion et à dissolution ; que nonobstant cette dissolution, et immédiatement après, elle s'est pourvue de nouveaux locaux, et que, bien qu'elle se soit vu refuser l'autorisation de rouvrir, sous la dénomination de *Réunion Alsacienne*, le cercle dissout, ainsi que cela est indiqué dans leur demande, elle n'en a pas moins mis son projet à exécution, au mépris de la décision intervenue, et en y contrevenant d'une manière flagrante (1);

« Que les prévenus, ainsi parfaitement édifiés sur les conséquences de leur conduite, n'en ont pas moins persévéré à faire résistance aux décisions des autorités du Gouvernement, et à braver son action, et que les manifestations qui se sont produites à l'occasion des réunions, ne sont pas pour eux une cause d'atténuation (2);

« Que, pour ces motifs, il y a lieu d'infliger une amende sévère et en rapport avec la contravention. Mais qu'il n'y a pas de raison pour frapper le prévenu Bontemps d'une amende plus forte que ses co-accusés, attendu qu'il faut moins considérer le degré de participation que la participation en elle-même à la réunion, et qu'il n'y a pas sous ce rapport de distinction à faire entre les divers inculpés;

« Pour ces motifs et au vu et après lecture des dispositions légales qui, outre celles visées par les premiers juges, sont applicables en matière d'appel, et qui sont : (ici le texte des art. 186, 194 et 211 du code d'instruction criminelle.)

« Statuant par défaut vis-à-vis de l'appelant Krantz, et contradictoirement à l'égard des autres appelants, maintenant la décision des premiers juges en tant qu'elle a reconnu les appelants coupables du fait à eux reproché, et les a condamnés solidairement aux frais, mais émendant en ce qui touche la mesure de la peine, condamne chacun des appelants à 100 thalers d'amende, évent à 20 jours de prison et solidairement aux frais liquidés à 65 francs.

« Signé : Hofinger, président,

Wolff, etc., etc.

---

(1) Il y a ici une confusion de fait signalée et prouvée dans le Mémoire à consulter, p. 6.
(2) Il est fait ici allusion au toast porté par quelques personnes à la santé de M. Thiers,

Les consultants, au nombre de sept, se sont pourvus contre ces jugements devant la haute cour de Leipzig.

Quels sont les vices de forme, quelles sont les violations de la loi qui se trouvent dans ces jugements ? Les consultants demandent un examen complet de ces décisions, et l'indication des moyens de forme et de fond qui pourraient en entraîner la cassation.

Signé :

Bontemps-Rieffel, négociant ;
Camille Chatel, négociant ;
Emile Knellwolff, manufacturier ;
Désiré Altenberger, négociant ;
Auguste Blanchet, négociant ;
Charles Oberlin, secrétaire-chef de la mairie de Mulhouse ;
Léon Schein, négociant.

CONSULTATION

—

L'Avocat soussigné,

Après avoir lu le mémoire à consulter, et surtout le jugement du 20 mars 1873, ne peut s'empêcher d'être profondément étonné qu'une poursuite ait pu être dirigée contre les consultants ; — non seulement ces poursuites ne lui semblent pas fondées sur le texte exact de la loi, mais elles lui semblent tout à fait contraires à son esprit.

En effet, « tous les prévenus sont d'honnêtes gens, de bonne réputation, qui se sont réunis dans un but complétement inoffensif. » C'est un certificat qui se lit dans le jugement ! — Jamais le but de l'art. 291 du code pénal ou de la loi d'avril 1834 n'a été de faire poursuivre des réunions ou même des associations complètement *inoffensives*.

En 1834, devant la chambre des Pairs, M. Rœderer exposait nettement le but de la loi nouvelle : « Elle n'autorise pas plus, disait-il, à « inquiéter qu'à poursuivre les *réunions*, soit fortuites, soit *habituelles* ; « elle ne regarde que les associations. — A la vérité, la distinction « des réunions et des associations n'est pas tellement tranchée qu'elle « ne permette quelques *méprises* ; on craint que le ministère ne les « confonde quelquefois. Je crois que l'on peut se rassurer contre ces

« appréhensions. L'objet immédiat de la loi est de frapper les associa-
« tions existantes, organisées, armées *pour la guerre qu'elles ont
« déclarée au gouvernement de l'État*. L'objet plus éloigné est de donner
« à ce gouvernement le moyen de prévenir la *renaissance* d'une asso-
« ciation du *même genre*, c'est-à-dire hautement déclarée, organisée,
« *armée, militante*. La partie politique de la loi ne va pas plus loin que
« les associations formant *un État dans l'État* (1). »

M. Guizot, alors ministre, déclarait qu'on laisserait tranquilles les
réunions ou les associations *inoffensives*. Le seul but de la loi était de
prévenir *toute société politique qui voudrait se cacher sous un faux
titre de société scientifique ou littéraire*. — « Il est évident, disait-il (2),
« pour tout homme de sens, qu'aucune association scientifique, si elle
« est en effet purement scientifique, ne manquera d'obtenir l'autori-
« sation quand elle la demandera ; et, quant à celles qui ne croiraient
« pas devoir la demander, on la leur donnera d'office, ou bien on les
« laissera se livrer à leurs travaux, *sans s'en inquiéter nullement...*
« Mais il n'y aurait rien d'aussi facile que de rétablir, sous le manteau
« d'une société littéraire, les sociétés politiques que la loi veut
« détruire. *C'est là l'unique motif de la généralité de l'article*. Il ne
« s'adresse évidemment ni aux associations littéraires, ni aux sociétés
« scientifiques. Mais il ne veut pas que les noms servent de masques
« pour éluder la loi et pour rendre aux associations politiques une
« existence que la loi veut éteindre. »

N'aurait-on pas suivi le véritable esprit de la loi, si on avait donné
d'office, à ces citoyens inoffensifs, une autorisation de se réunir dans
un but *d'amusement* et de *distraction*, ou si on les avait laissés se
réunir *sans s'en inquiéter* ?

---

(1) *Moniteur*, 3 avril 1834.
(2) *Moniteur*, 22 mars 1834.

Mais, par cela même que ces poursuites nous semblent outrepasser l'esprit de la loi, c'est une raison de plus pour insister sur tous les vices des deux jugements.

1° Nullités de forme et de procédure.

1° *Nullité du jugement du* 20 *mars* 1873. — *Il a été rendu sur l'instruction écrite.*

Jamais les prévenus n'ont avoué qu'ils fussent associés au nombre de plus de vingt ; au contraire, ils ont toujours soutenu qu'ils n'étaient que seize.

Le jugement élève d'abord leur nombre à dix-huit ; il met au nombre des prétendus associés les sieurs Voirin et Chatel, en se fondant sur des aveux faits par eux dans l'instruction écrite.

Mais, pour élever le nombre de dix-huit à vingt-deux, comment le tribunal a-t-il pu y parvenir ?

Ce n'est pas par l'audition de témoins *à charge*, déposant à l'audience. Le ministère public a déclaré publiquement qu'il renonçait à leur audition. Ce fait, disent les consultants, est constaté dans la feuille d'audience tenue par le greffier ;— les consultants affirment que le tribunal n'a entendu à l'audience que deux témoins *à décharge* amenés par eux.

Comment donc la conviction du tribunal a-t-elle pu se former au sujet du nombre des sociétaires? — Le jugement le dit :

« Attendu que le nombre des sociétaires n'a pas toujours été le même, « mais qu'il résulte *de constatations faites* qu'il a atteint son plus haut « chiffre le jour de la fête du 4 septembre 1872.»

Mais, si *ces constatations* n'ont pas été faites à l'audience *publique* par des dépositions orales, elles n'ont pu résulter que de *l'instruction préli-minaire* et *secrète* faite devant un juge d'instruction.

Et c'est ce qui résulte d'autres passages du jugement; on y lit : « Qu'i « a été *établi* par *l'instruction*, qu'à l'époque de la réunion du 4 sep- « tembre 1872, le nombre des associés munis de *cartes blanches*, en « défalquant Risler et Gros, s'élevait au moins à dix-huit. — Et qu'il a « été *établi* que les possesseurs de *cartes rouges*, Krantz, Aug. Rey, dit « Jourdain, le commis Krammerer et un certain Nicot, faisaient partie « simultanément de la société le 4 *septembre* 1872.

Comment toutes ces constatations ont-elles été établies?

Ce n'est pas par l'aveu de M. Nicot, qui n'a été entendu ni dans l'ins- tion ni à l'audience, ainsi que le fait est facile à vérifier.

Ce n'est pas par les dépositions de M. Rey ou de M. Krammerer, qui n'ont pas comparu devant le tribunal.

C'est donc sur *l'instruction écrite* que le jugement s'est basé, lorsqu'il affirme qu'en ajoutant Krantz, Rey, Krammerer et un certain Nicot aux dix-huit associés, on trouve, au 4 septembre 1872, un chiffre de vingt- deux sociétaires.

Or, un jugement qui n'est pas basé sur l'instruction *publique* et *orale*, est nul aux termes de l'art. 190 du Code d'instruction criminelle, qui porte : « L'instruction sera publique à peine de nullité.»

La Cour de cassation de France n'a jamais hésité à annuler des juge- ments basés *sur des instructions écrites*.

Le 29 décembre 1815, elle rendait l'arrêt suivant :

« La Cour, attendu qu'il est constaté que c'est sur le vu d'une infor- « mation écrite devant le juge d'instruction du tribunal de Toul, que le « tribunal de police de Colombey s'EST PERMIS de déclarer Remy fils « coupable de tapage nocturne;

« Qu'ainsi le jugement a été rendu sur des déclarations de témoins « non entendus à l'audience du tribunal, et par conséquent sur une ins-

« truction qui n'a pas eü la publicité prescrite par la loi à peine de nul-
« lité ; Casse, etc. (1) »

A cette doctrine et à ses conséquences, on opposera peut-être les dispositions des art. 153 et 190, qui portent : « Les témoins seront entendus,
« *s'il y a lieu.* » — Mais la jurisprudence et les auteurs ont donné le
véritable sens de ces mots *s'il y a lieu.* — La Cour de cassation, dans
l'arrêt du 8 juin 1844, s'exprime ainsi (2) :

« Attendu que, s'il est vrai que d'après l'art. 153 du Code d'instruc-
« tion criminelle, le tribunal doit entendre, *s'il y a lieu*, les témoins,
« ces mots *s'il y a lieu* ne doivent pas être entendus en ce sens que le
« tribunal ait le droit arbitraire d'entendre ou de ne pas entendre les
« témoins produits, — mais seulement en ce sens qu'il pourra s'abstenir
« de les entendre, si les faits qu'ils doivent établir sont *tenus pour cer-*
« *tains* préalablement à toute audition de témoins, *et si le procès ne*
« *porte plus que sur la qualification légale de ces mêmes faits.*»

Il est évident, par la seule lecture du jugement du 20 mars 1873, qu'il
ne s'agissait pas seulement de la qualification légale des faits reprochés ;
mais qu'il s'agissait surtout, et avant tout, de l'existence même du fait
reproché qui était dénié par les prévenus, c'est-à-dire de la question de
savoir si l'association incriminée était composée de plus de vingt personnes. — Les témoins devaient donc, à peine de nullité du jugement,
être entendus à l'audience publique sur ce point capital du procès.

L'objection, si elle était présentée, serait donc sans valeur, et le jugement du 23 mars resterait entaché d'une nullité radicale.

---

(1) *Journal du Palais*, année 1815, — Autre arrêt du 24 mars 1811. — Merlin, *Répertoire*,
v° *Publicité de l'audience*, § 2, n° 4, — et tous les criminalistes.

(2) *Journal du Palais*, vol. 45, 1, p. 390. — Cassation, 4 juin 1847, vol. 47, 2, p. 571 ; —
11 septembre 1847, vol. 48, 2, p. 95. — Faustin Hélie, *Inst. crim.*, vol. 6, p. 598, 2e édition
de 1866.

2º Nullités du jugement d'appel du 23 avril 1873.

1º Le jugement d'appel est entaché du même vice que le jugement de première instance, puisqu'il n'a pas réparé la nullité qui le frappait. — Lors du jugement d'appel, le tribunal pouvait entendre les témoins non entendus par les premiers juges. — Il ne l'a pas fait. — Il dit bien « considérant qu'il a été établi par les *dépositions des témoins* qu'il y a eu des réunions dans ledit jardin. » — Mais comme il n'a pu entendre lui-même des témoins qui *n'avaient pas été cités devant lui*, et comme le tribunal de première instance ne les avait pas entendus, il en résulte que le tribunal d'appel n'a établi les réunions et le nombre des associés dont il parle que sur les dépositions écrites dans l'instruction préliminaire au débat public.

— Première nullité radicale.

2º *La publicité n'a pas existé aux deux audiences des 21 et 23 avril.*

On lit en tête du jugement d'appel : « Dans la *séance publique* du « 23 avril 1873, le tribunal régional de Mulhouse... a rendu le juge- « ment suivant dans l'affaire concernant Bontemps-Reiffel, etc.

« Après lecture du rapport de M. le juge Wolff,

« Après examen et lecture des pièces du procès, et notamment du « jugement du 20 mars 1873. (1)

« Après avoir entendu les explications des appelants sur le fait à eux « reproché, ainsi que les moyens de défense de leur avocat, Dr Mayer, « concluant à l'acquittement.

« Après avoir entendu les réquisitions du ministère public concluant

---

(1) On voit que le tribunal ne dit pas : après avoir entendu les témoins.

« contre chacun des appelants à un emprisonnement de deux mois, etc.

« Le tout à l'audience du tribunal du 21 avril 1873, *où* le prononcé
« du jugement a été renvoyé à l'audience de ce jour,

« *Et aujourd'hui*, après en avoir délibéré,

« Considérant, etc. »

Ainsi, il résulte, sans conteste possible, du texte même du jugement d'appel, que tout le débat s'était passé à l'audience du 21 avril.

L'arrêt constate bien que le jugement a été prononcé le 23 avril, dans
une *séance publique*, mais il est muet sur la publicité de la séance du 21,
où l'attaque et la défense, c'est-à-dire l'instruction, ont eu lieu.

Quelles sont les conséquences de ce silence du jugement d'appel sur
la publicité de la séance du 21 avril ?

C'est : 1º que cette audience est *présumée* n'avoir pas été publique.

C'est : 2º que le jugement du 23 avril est nul faute de publicité de
l'instruction.

La doctrine et la jurisprudence s'accordent pour affirmer ces conséquences.

« En principe, toute formalité substantielle, dont l'accomplissement
« est ordonné *sous peine de nullité, doit être tenue comme n'ayant pas
« été remplie*, lorsqu'elle n'est pas légalement constatée. » — Tels sont
les termes dans lesquels F. Hélie (t. 6, p. 263) résume la jurisprudence
de la Cour de cassation ; — et ce résumé n'est que la reproduction pres-
que textuelle de l'arrêt du 6 mai 1830, ainsi conçu :

« La Cour, vu l'art. 190 du Code d'instruction criminelle, portant :

« L'instruction sera publique, à peine de nullité,

« Attendu que, lorsqu'il n'est pas fait *mention expresse* que les for-
« malités prescrites à peine de nullité ont été remplies, la *présomption*
« *de droit est qu'elles ont été omises* (1). »

---

(1) *Journal du Palais*, 1830, p. 450 ; — Cassation, 22 septembre 1857 : « Attendu que les

Mais, qui doit prouver que toutes les formalités substantielles ont été accomplies lors du jugement ? — Le jugement lui-même.

En matière correctionnelle, à l'exception des notes que le greffier doit tenir pour les dépositions des témoins (art. 189), il n'est pas tenu de procès-verbal. C'est donc le jugement lui-même qui doit servir de procès-verbal et constater l'accomplissement des formalités légales. « Le « jugement doit porter par lui-même la preuve de sa légalité, dit l'arrêt « de la Cour de cassation du 5 février 1824. » (1) Cette Cour ajoute, dans l'arrêt du 27 août 1825 (2) :

« Attendu que l'art. 153 du Code d'instruction criminelle a été violé, « en ce que le *jugement* attaqué *qui doit rendre compte de tout ce qui* « *s'est passé dans l'instruction à l'audience,* ne constate nullement si « cette instruction a été publique. »

C'est donc le jugement d'appel du 23 avril 1873 qui devait, et qui devait *seul* et *par lui-même,* constater la publicité des deux audiences des 21 et 23 avril. Or, ce jugement est muet sur la publicité de l'audience principale du 21. Dès lors l'instruction de l'affaire, qui s'est accomplie dans cette audience du 21, est *présumée* n'avoir pas été publique.

Le jugement d'appel du 23 avril est donc encore radicalement entaché de nullité par le défaut de publicité.

Mais, dira-t-on, le jugement a été *rendu publiquement.*

Cette publicité est constatée ainsi :

« Dans la *séance publique* du 23 avril, le tribunal régional de Mul-« house, siégeant en chambre d'appel, a rendu le jugement sui-« vant : etc..... »

« formalités non constatées doivent être réputées omises. » *Bulletin criminel* de 1837, n° 246. — Cassation, 15 décembre 1854, *Bulletin* de 1854, n° 347 — En matière de Cours d'assises, on pourrait citer plus de vingt arrêts proclamant la même présomption, et notamment l'arrêt du 24 juin 1866, *Bulletin* de 1866, n° 150.

(1) *Journal du Palais,* vol. de 1824, à sa date.

(2) *Journal du Palais,* vol. de 1825, à sa date.

Faustin Élie répond : (6, p. 698) « Il arrive souvent qu'une affaire
« se prolonge pendant plusieurs audiences. Il faut alors que la publicité
« de chacune de ces audiences soit *spécialement* constatée. Suffit-il que
« le jugement contienne cette formule : *prononcé publiquement?*
« — Non, — car si ces mots constatent la publicité de l'audience dans
« laquelle le jugement a été prononcé, ils ne constatent pas la publicité
« de l'audience précédente *dans laquelle l'instruction a eu lieu.* »

Cette doctrine, évidente par elle-même, s'appuie sur plusieurs arrêts
de la Cour de cassation :

« La Cour, — vu l'art. 190, Inst. crim., portant : « L'instruction
« sera publique, à peine de nullité. »

« Attendu que des expéditions et de la minute de l'arrêt attaqué, il
« résulte qu'à l'audience du 24 décembre, où l'instruction a été termi-
« née et l'arrêt prononcé, la publicité est constatée ;

« Mais qu'elle ne l'est nullement pour les *deux audiences précé-*
« *dentes* des 22 et 23 décembre. »

« Qu'à aucune de ces deux audiences, non plus qu'en tête de l'arrêt
« on ne trouve pas l'énonciation de la publicité, d'où il suit qu'il n'est
« pas établi qu'à ces deux audiences l'instruction a été publique ;

« Que ce défaut de publicité est une violation de la disposition préci-
« tée de l'art. 190, prescrite à peine de nullité. — Casse, etc. » (Arrêt
du 26 juin 1829.) (1)

Autre arrêt du 6 mai 1830 : — « La Cour, — vu l'art. 190, Inst.
« crim. :

« Attendu que, lorsqu'il n'est pas fait mention expresse que les forma-
« lités prescrites, à peine de nullité, ont été remplies, la *présomption de*
« *droit est qu'elles ont été omises ;*

« Attendu que dans l'espèce, la publicité des audiences données par

---

(1) *Journal du Palais*, 1829, p. 1180.

« ·le tribunal correctionnel de Melun, les 10, 11 et 16 décembre dernier,
« pour *l'instruction* de la cause, n'est pas constatée ; — d'où il suit que
« l'art. 190, Inst. crim., a été violé ou est *présumé légalement* l'avoir été.
« Casse, etc. » (2)

En vertu de la loi, de la doctrine et de la jurisprudence, le jugement d'appel du 23 avril 1873 ne peut échapper à la cassation.

Le défaut de publicité est une seconde nullité radicale.

Mais, contre ces jugements, il ne s'élève pas seulement des nullités de *procédure* et de *forme;* — ils sont viciés par l'application de lois pénales *abrogées*.

2° NULLITÉS DE FOND.

Abrogation de l'art. 291 *du Code pénal et de la loi du* 10 *avril* 1834, *en ce qui touche les réunions* NON *publiques.*

L'art. 291 et suivants du Code pénal et la loi du 10 avril 1834 étaient évidemment des dispositions hostiles au droit de réunion et d'association.

En 1848, elles furent regardées comme abrogées, de plein droit, par la Révolution qui s'était faite au nom *du droit de réunion* violé par le gouvernement de Louis-Philippe. — Le gouvernement provisoire de la République, dans sa proclamation du 19 avril 1848, encourageait lui-même les citoyens à discuter les intérêts publics dans *les clubs*, qu'il déclarait « la plus inviolable conquête de la Révolution. »

Ces lois étaient si réellement abrogées que l'Assémblée Constituante,

---

(2) *Journal du Palais*, 1830, p. 450.

après les événements de juin 1848, se vit dans la nécessité de forger une loi nouvelle contre les associations, et promulga la loi du 28 juillet ; — Cette loi eût été inutile si la législation antérieure avait toujours subsisté.

L'Assemblée Constituante se crut donc obligée de faire une loi nouvelle. — Cette loi permit les *clubs publics*, mais elle prohiba les *sociétés secrètes ;* — elle ne permit les réunions *non politiques et non publiques*, qu'à la condition d'une déclaration à l'autorité municipale (art. 14). — Enfin elle soumit à l'autorisation municipale les réunions *non publiques* dont le but serait *politique* (art. 15.)

Cette loi de juillet eût suffi pour abroger la totalité de l'art. 291, soit en le remplaçant, soit en le modifiant; — D'abord elle le remplaçait quant aux *réunions politiques non publiques*, en les soumettant, par l'art. 15, à l'autorisation administrative. — Une loi remplacée est une loi abrogée.

Ensuite, en permettant les réunions *privées non politiques*, à la condition d'une *simple déclaration* à l'autorité municipale, cette loi abrogeait encore l'art. 291, qui exigeait une *autorisation préalable* même, pour les réunions *privées non politiques*. — Ces deux dispositions ne pouvaient coexister. — Donc la dernière abrogeait l'ancienne.

Mais cette loi de juillet 1848, dans les art. 14 et 15, était contraire à la liberté complète de réunion et d'association, en y mettant des conditions.

Le 4 novembre 1848, la Constitution nouvelle de la France fut promulguée.

Elle portait dans son art. 8 : « Les citoyens ont le droit de s'associer, de s'assembler paisiblement et sans armes. »

Cet art. 8 abrogea évidemment les art. 14 et 15 de la loi du 28 juillet. — Une loi qui défend de s'associer sans l'autorisation de la police ou sans déclaration à la police, est évidemment inconciliable avec une Constitution qui autorise les citoyens à s'associer, sans leur imposer aucune condition.

Cette abrogation fut si réellement dans la pensée de l'Assemblée, que, lors de la discussion de l'art. 8 de la Constitution, elle repoussa un amendement présenté par un représentant de l'Isère, M. Tranchant. Cet amendement était ainsi conçu : « Les citoyens ont le droit de s'associer et de s'assembler paisiblement et sans armes, en restant soumis aux lois répressives des délits qu'ils pourraient commettre dans l'exercice de ces droits. » — Dans la pensée de M. Tranchant, cet amendement avait pour but de maintenir, autant que possible, la loi du 28 juillet en présence de la Constitution.

La commission de constitution, par l'organe de M. Vivien, déclara s'opposer à l'amendement, qui fut repoussé dans la séance du 20 septembre 1848. (1)

Les art. 291 et suivants du Code pénal et la loi du 10 avril 1834 étaient donc abrogés par la Révolution et par la loi du 28 juillet 1848, — et la loi du 28 juillet était abrogée elle-même par la Constitution de novembre.

Maintenant, il est un principe incontestable en législation, c'est qu'une loi pénale abrogée ne peut revivre dans aucune de ses dispositions que par l'effet d'une disposition législative nouvelle ; — c'est ce que la Cour de cassation a solennellement jugé par son arrêt du 13 février 1836 (2) ;

Dans cette affaire, il s'agissait de savoir si une loi du 21 octobre 1814 (art. 14), qui rappelait la nécessité d'un brevet pour les libraires,

---

(1) *Moniteur* du 21 septembre 1848, p. 2526.
(2) *Journal du Palais*, 1836, p. 1059.

mais qui ne contenait aucune sanction pénale, avait implicitement ressuscité la sanction pénale (amende de 500 liv.) portée par une ancienne
. ordonnance du 28 février 1723.

Un libraire, établi sans brevet, avait été poursuivi devant la cour
d'Amiens, qui l'avait renvoyé de la plainte, par le motif que l'ancienne
législation pénale avait été abrogée par la loi des 2-17 mars 1791 sur
la liberté des professions, et qu'aucune loi nouvelle n'avait porté une
peine contre les infractions à la loi du 21 octobre 1814.

Le procureur-général de la cour d'Amiens s'était pourvu devant la
cour de Cassation contre cet arrêt, sur le motif que l'ancienne pénalité
avait ressuscité de plein droit.

Le procureur général Dupin porta la parole contre le pourvoi :

« Tenons-nous sévèrement, dit-il, à la loi écrite, et n'anticipons
« pas sur le domaine du législateur.

« Dans l'état de la législation (qui réserve le pouvoir législatif
« aux chambres) vouloir, en vertu de la loi de 1814 qui a prescrit
« les brevets sans y attacher de pénalité, vouloir faire revivre les
« pénalités des anciens règlements, c'est ce que l'un des criminalistes
« les plus distingués, M. Legraverend, appelle *ressusciter un mort*.

« J'en appelle à la bonne foi des jurisconsultes de tous les pays,
« sera-t-il jamais permis d'admettre, en doctrine, qu'une loi anéantie
« puisse ressusciter de plein droit ? — Non. — C'est un mirale aussi
« impossible en législation que dans l'ordre de la nature.

« Abroger une loi qui existe, c'est faire une loi ; remettre en
« vigueur une loi qui n'existe plus, c'est encore faire une loi. — Dans
« l'un comme dans l'autre cas, il faut donc la puissance législative.

« Pour remettre en vigueur des lois qui n'existent plus, il faut
« que le législateur le dise expressément ; il faut qu'il s'en explique ;
« autrement, dans la résurrection *par induction* de lois oubliées,
« ignorées, abrogées, quelle certitude aurait-on que la volonté du
« législateur a été de leur rendre la vie ? »

Sur ces savantes conclusions, le pourvoi fut rejeté par l'arrêt du 10 février 1836, ainsi motivé : — « Attendu que l'art. 14 de la loi « du 21 octobre 1814, ne contient pas de sanction pénale de sa « disposition, — d'où il suit que son infraction ne peut, dans l'état « actuel de la législation, entraîner contre les contrevenants l'appli- « cation d'aucune peine. »

Maintenant que la résurrection *tacite* des lois pénales est jugée un miracle impossible, ayons soin de noter que, pendant les trois années que dura la constitution de 1848, nulle loi nouvelle ne fut portée contre le droit d'association. — Nulle loi ne rappela à la vie aucune des lois abrogées sur les associations; — les *clubs* seuls furent l'objet de dispositions répressives.

Il faut cependant reconnaître que, vers la fin de 1849, après la retraite de l'*assemblée constituante*, l'esprit de réaction qui animait la nouvelle *assemblée législative* poussa quelques légistes à essayer de ressusciter ces lois abrogées, à l'aide d'une interprétation forcée de l'art. 112 de la Constitution. — Cet article portait : « Les dispositions « des codes, lois et règlements, *qui ne sont pas contraires à la présente* « *Constitution*, restent en vigueur, jusqu'à ce qu'il y ait été dérogé. » — Ils prétendaient que l'esprit de la Constitution ne répugnait pas à la persistance de la loi de juillet 1848 ! — Mais est-il nécessaire de répéter qu'une Constitution qui attribue aux citoyens le droit de s'asso- cier, absolu, sans réserve, n'est pas conciliable avec une loi restrictive du droit d'association. —

Ces légistes insistaient et citaient la fin de l'art. 8 de la Consti- tution, ainsi conçu : « L'exercice de ce droit (de s'associer) n'a pour « limites que les droits et la liberté d'autrui et la sécurité publique. » — Au nom de la sécurité publique, ils prétendaient ressusciter ces lois abrogées. — Mais qui ne voit que la sécurité publique pouvait, dans *l'avenir*, autoriser des lois portant des limites à la liberté de s'associer, mais que cette disposition n'énonçait aucune volonté rétroactive pour le *passé*.

Ces sophismes sont impuissants ; l'abrogation des lois restrictives du droit d'association et de réunion reste absolue jusqu'en 1852.

Telle était la législation jusqu'au coup d'État du 2 décembre 1851.

Lors de ce coup d'État, le Président, dans sa proclamation du 2, avait seulement demandé au peuple français le droit de promulguer une *constitution*, dont les bases organiques étaient expliquées complétement dans cette proclamation même. Le peuple, dans le plébiscite des 20 et 21 décembre, lui accorda ce mandat ainsi limité par le mandataire lui-même. — Mais le mandataire, abusant de la force armée qu'il avait entre les mains, s'improvisa dictatorialement législateur pendant plus de trois mois, et, sans convoquer la Chambre des députés ni le Sénat, multiplia les décrets sur toutes les matières de droit public. Et, lorsque la Chambre des députés et le Sénat furent installés, au 29 mars 1852, nulle voix n'aurait pu réclamer contre les usurpations de cette législation dictatoriale, car l'art. 8 de la constitution nouvelle refusait toute initiative à la Chambre des députés, et la presse était bâillonnée.....

Au nombre de ces décrets dictatoriaux fut publié le décret du 25 mars 1852 sur les *associations*.

Par son art. 1er, ce décret déclare abrogée la loi du 28 juillet, qui l'était déjà par la constitution de 1848. Il excepte de cette abrogation l'art. 13, relatif aux *sociétés secrètes*, — c'est-à-dire qu'il lui redonne la vie.

L'art. 2 de ce décret est ainsi conçu :

« Les art. 291, 292, 294 du Code pénal et les art. 1, 2, 3 de la loi du

« 10 avril 1834 seront applicables *aux réunions* PUBLIQUES, *de quelle que*

« *nature qu'elles soient.* »

Si l'on s'en tient au texte formel de cet art. 2, il est évident qu'il ne redonne pas aux articles du Code pénal et de la loi de 1834 une vie entière et absolue, mais qu'il se borne à les ressusciter et à leur donner une force répressive *en ce qui touche les réunions publiques*. — Il résulte donc de cet art. 2 que les articles des lois qui avaient été abrogés par la loi de juillet 1848 ou par la constitution, *en ce qui touchait les réunions publiques ou privées*, ne sont ressuscités par le dictateur *que contre les réunions ou sociétés publiques*, et non contre les réunions ou sociétés *non publiques ou privées*.

Dira-t-on que l'intention du dictateur était, dans le décret du 25 mars, de ressusciter ces articles même contre les réunions ou associations *non publiques*.

La réponse légale est celle de M. Dupin : — c'était à lui de s'expliquer positivement. — Dans l'art. 2 du décret, au lieu de parler seulement de réunions *publiques*, il pouvait dire : *réunions publiques ou privées*.

Y a-t-il eu omission involontaire ? — Qu'importe aux tribunaux ? — Le juge ne peut *seul* ressusciter une loi par *induction* ou par *interprétation*.

Les réunions, les associations *non publiques* ne sont donc plus aujourd'hui soumises à aucune loi répressive.

Le jugement du tribunal de Mulhouse du 20 mars 1873, et le jugement d'appel du 23 avril ont donc appliqué aux consultants des lois, et des pénalités abrogées; — ils doivent être annulés pour fausse application de la loi pénale.

SUBSIDIAIREMENT. — FAUSSE APPLICATION DE L'ART. 291 DU CODE
PÉNAL ET DE L'ART. 1er DE LA LOI DU 10 AVRIL 1834.

En supposant que ces articles de loi n'aient pas été abrogés en ce
qui touche les *associations non publiques*, les jugements du 20 mars et
du 23 avril 1873 les ont violés, en les appliquant à des faits qu'ils ne
prévoient pas.

L'art. 291 est ainsi conçu : « Nulle *association* de plus de vingt
« personnes, dont le *but* sera de se *réunir* pour *s'occuper* d'objets reli-
« gieux, littéraires, politiques ou *autres*, ne pourra se former qu'avec
« l'autorisation du gouvernement. »

Pour que cet article 291 soit applicable, il faut, d'après son texte
même, trois conditions essentielles :

1° Il faut que les prévenus soient *associés*; — ce qui suppose une
convention de société *écrite ou tacite*, avec un certain caractère de
durée, de permanence, — une convention qui les *lie* entre eux, qui *leur
ouvre de plein droit l'accès des réunions, qui ne permette pas de le leur
fermer à volonté ou par caprice*, comme à des domestiques ou à des
salariés ;

Cette condition d'une intention de *permanence* résulte de l'art. 291
et de l'art. 1er de la loi d'avril 1834, puis que l'association prohibée doit
avoir pour *but* de se réunir tous les jours ou à des jours marqués ou
non marqués.

. Une réunion *éphémère*, unique, de plus de vingt personnes, n'est pas
une *association*, — c'est une simple *réunion*.

2° Il ne suffit pas que le but soit de se réunir, il faut encore que le
but de la réunion soit de *s'occuper*, en *commun*, d'objets religieux, littéraires, politiques ou *autres*. — Ou autres, soit. — Mais il faut que

l'objet, quel qu'il puisse être, soit *déterminé*, de manière que le juge puisse apprécier s'il n'y a dans la prévention qu'une simple tracasserie de police, ou si la prétendue association rentre dans les prohibitions de la loi (1).

C'est la nécessité de ce but déterminé qui met toutes nos sociétés de familles et d'amis à l'abri des tracasseries journalières de toutes les polices, — qui sauve la sociabilité moderne.

3° Il faut que les associés soient au nombre de plus de vingt.

Si le principal caractère d'une association est une intention de *permanence*, il en résulte que, pour qu'il y ait association illicite, il faut que le nombre de plus de vingt associés soit *permanent*, comme la société elle-même. — En conséquence, il ne peut suffire qu'une association de vingt personnes ait, *une seule fois*, réuni deux ou trois personnes de plus pour qu'il y ait violation de l'art. 291, dès que ces deux ou trois personnes ne doivent plus se réunir aux vingt associés ni le lendemain, ni les jours suivants. Ces personnes *éphémères* sont des visiteurs et non des associés, car leur *but* n'est pas de rester associés aux vingt autres et de se réunir avec eux tous les jours ou à des jours marqués ou non marqués, et le *but* des vingt autres n'est pas de les retenir dans l'association, qu'elle se réunisse tous les jours ou à des jours marqués ou non marqués.

§ I.

Ces trois points bien compris, le premier devoir de la prévention était d'établir qu'il y avait une *association* entre les prévenus, au sujet de la location du Jardin Zoologique.

En droit, des personnes qui louent en commun, ou qui habitent en

---

(1) Il faut un *but déterminé*, dit Carnot dans son *Traité du Code pénal*, I, p. 769.

commun une propriété, ne sont pas nécessairement des associés. —
Elles peuvent être dans un simple état *d'indivision* et de *communion*,
ou dans un état *d'association*. — En droit, des *communistes* et des
ASSOCIÉS, ne sont pas identiques.

La société particulière, dit le jurisconsulte Merlin, *est un contrat
qui ne se présume pas :* « Elle ne peut résulter que d'une *convention*
« *expresse.* Et, assurément, deux personnes qui acquièrent un bien
« conjointement, ne sont pas, par le seul fait de cette acquisition com-
« mune, *censées convenir* qu'il y aura société entre elles pour raison
« de ce bien. — Car autre chose est la *société*, autre chose est la *com-*
« *munion.* Il ne peut pas exister de société sans communion, mais une
« communion peut très-bien exister sans société (1). »

La loi romaine (D. 1. 31 pro socio) met cette différence en toute
lumière. — « Ut sit *pro socio* actio, societatem interesse oportet; — Nec
« enim sufficit rem esse communem, nisi societas intercèdit. — *Com-*
« *muniter* autem res agi potest etiam citra societatem, ut puta cum,
« non affectione societatis, incidimus in *communionem*, ut evenit in re
« duobus legata, item si a duobus simul res empta sit. »

Les juges ont-ils cherché à élucider cette question capitale, la question de société ? — Non.

Les premiers juges se sont bornés à affirmer l'existence d'une société,
sans donner aucune raison à l'appui de cette affirmation, quoique *la
société ne se présume pas.*

Le jugement d'appel va plus loin. Il déclare qu'il n'y a pas lieu « de
« s'occuper de l'organisation qui existait *sans doute*, mais qui ne peut
« être prise en considération par le tribunal, faute de preuves maté-
« rielles. »

---

(1) *Répertoire*, v° *Surenchère.*

Cependant, tous les criminalistes sont d'accord pour proclamer qu'une association ne peut se reconnaître qu'à une certaine organisation écrite ou tacite. — On lit dans le traité de Carnot : « Dans de *simples réunions* de société, il n'y a ni président, ni secrétaire, ni registres, tandis qu'une *véritable association* suppose nécessairement la réunion de tous ces éléments (p. 769) » — Rauter, dans son traité du droit criminel (p. 581) : « Pour qu'il y ait association, il faut qu'il y ait organi-«, sation sociale, c'est-à-dire, qu'il y ait constitution, direction ou « gouvernement. »

Mais, nulle convention, nulle organisation n'a été prouvée dans la prétendue association poursuivie. — Des *doutes non résolus* !

Pour remplacer la preuve de cette organisation qui *existait sans doute, mais qui n'était prouvée par rien*, le juge d'appel a recours à des espèces d'équipollents, à des succédanés.

On percevait des cotisations. — Oui, pour payer le loyer commun, pour subvenir à l'entretien du jardin commun, ou en un mot, pour couvrir toutes les dépenses communes. — Mais de simples communistes ne sont-ils pas obligés de concourir à toutes les dépenses de la chose indivise ? — Pothier, dans son traité du contrat de société (n° 192), n'enseigne-t-il pas, « qu'une des obligations que forme la communauté est « que chacun des quasi-associés est obligé de concourir, pour la part « qu'il a dans la communauté, aux réparations qui sont à faire aux « choses communes, etc. » .

Ces cotisations ne prouvent donc pas plus une *association* qu'une *simple communion*. — Elles ne prouvent pas une organisation sociale.

On a délivré des cartes. — Mais que les prévenus fussent des associés ou des simples communistes, il leur fallait bien un signe qui manifestât aux yeux du portier leur droit d'entrée dans le jardin. — Les cartes ne prouvent donc rien. — Etait-il d'ailleurs rationnel de supputer le nombre des prétendus associés par le nombre des cartes ! — Une carte et une personne ne sont pas choses identiques. — On pourrait avoir distribué trente ou quarante cartes et n'être pas même vingt associés.— Des personnes n'auraient-elles pas pu se retirer de la société, comme M. Risler ? — D'autres mourir !

Il y a eu des réunions réitérées. — Le jugement signale *trois fêtes* en trois mois ! — Mais des *communistes* ne peuvent-ils se réunir parfois entre eux, comme pourraient le faire des *sociétaires ?* — Ne pourraient-ils se réunir pour débattre leurs intérêts, pour régler leur contribution aux dépenses, pour convenir de la manière dont chacun pourra jouir de la chose commune, etc., etc.

Des réunions ne prouvent donc pas une association.

« *Ils ont loué un jardin.* » — Mais sont-ils de simples communistes qui veulent, en été, un meilleur air pour leurs familles et pour eux, et de l'espace pour se promener ! — Ou bien se sont-ils constitués en société ? — Société bien innocente ! — Mais enfin, s'il y a société, il y aura certainement un ou plusieurs administrateurs, un caissier, etc. — Où sont-ils ? — C'était à la prévention à les signaler. — Rien que des *doutes* !—

Aucun fait ! aucun élément juridique n'a donc établi, dans le procès, l'existence et les caractères de la prétendue association.

Dès lors les jugements manquent de base pour appliquer aux prévenus les pénalités de l'art. 291. — Car, nous pouvons répéter avec Merlin, « *la société est un contrat qui ne se présume pas.* » — Nous ajoutons : encore moins au criminel qu'au civil.

§ II.

Le second devoir de la prévention était de déterminer le *but* et l'*objet* des *réunions* de l'association qu'elle poursuivait. Elle n'a pas manqué à ce devoir ! — Selon le ministère public, les consultants sont coupables de s'être associés *dans un but d'amusement* et *de distraction en commun !*

Puis, les premiers juges ont accepté ce délit, et ils ont condamné les consultants comme coupables de « *réunions occasionnelles dans un but* « *d'amusement et de distraction en commun.* »

Le tribunal d'appel a accepté comme coupable ce *but d'amusement et de distraction en commun,* et il n'a trouvé *aucun autre but* pour légitimer la condamnation.

Mais est-ce sérieusement que l'on pourrait poursuivre et condamner des citoyens parce qu'ils s'associeraient ou se réuniraient plus de 20 dans un *but d'amusement et de distraction en commun ?* — Est-il un législateur qui oserait écrire dans une loi : On condamnera à l'amende ou à la prison des citoyens assez perturbateurs des lois sociales pour *s'amuser* et se *distraire* en commun au nombre de plus de 20 ? — S'il se trouvait un législateur assez original pour décréter une telle loi, un rire universel éclaterait dans les mondes connus. — Si, lors de la discussion de la loi d'avril 1834, on eut dit prophétiquement à M. Guizot : un jour, il s'élèvera quelque part des accusations contre des gens inoffensifs, qui n'auront commis d'autre délit que de se réunir pour *s'amuser et se distraire en commun,* il aurait certainement répondu : vous calomniez la loi et ses futurs interprètes. — Ce qu'un législateur n'oserait faire, comment des juges peuvent-ils interpréter une loi, qui a la prétention d'être raisonnable, de manière à en faire une loi hostile à toute sociabilité ? Non, jamais l'esprit de la loi pénale n'a été de frapper les faits

— 46 —

—essentiellement inoffensifs; et violer l'esprit de la loi, c'est violer la loi elle-même.

Tous les criminalistes protestent en l'honneur de la loi contre l'application erronée qui en a été faite par les deux jugements attaqués.

Rauter a écrit : « Il est indifférent pour quel objet les associés se réu- « nissent, *à moins qu'il ne s'agisse entr'eux que d'amusement.* (Droit crim. 1, p. 581.)

Carnot : « Les mots ou *autres* ne sont relatifs qu'aux associations « ayant pour but de s'occuper d'objets religieux, littéraires ou politiques « ou *autres qui rentrent dans ces grandes divisions.*» (C. pénal 1, p. 773.)

Avec un arrêt de Cassation du 21 germinal an X, nous disons haute- ment : « Il ne faut jamais calomnier la loi et lui donner un sens absurde. » Et nous ajoutons : Violer l'esprit de la loi, c'est violer la loi elle-même dans ce qu'elle a de plus intime et de plus sacré.

La question du *but* de la prétendue association n'a donc pas été résolue dans un sens juridique. — Il y a violation de l'esprit de la loi.

§ III

Après avoir ainsi passé sur deux conditions capitales de l'art. 291, les deux jugements examinent la question de savoir si la Société se composait de plus de 20 personnes.

Le jugement de 1re instance, après avoir constaté que les véritables locataires ne s'élevaient, au 4 septembre 1872, qu'au nombre de 18 porteurs de *cartes blanches,* leur adjoint quatre autres personnes auxquelles on avait remis des *cartes rouges,* — « *encore bien qu'elles aient reçu des* « *salaires pour leur concours musical !* »

Mais, pourquoi ces artistes *payés* ont-ils dû être comptés comme sociétaires excédant le nombre de 18? — « C'est qu'ils coopéraient

« essentiellement au but de la Société, et qu'ils étaient, sous ce rapport
« unis par le même lien avec les sociétaires titulaires. »

Ainsi, le loueur de pianos, le loueur de musique, auxquels on a remis
des cartes rouges, pour que le portier les laissât entrer dans le jardin,
l'un pour accorder les instruments, l'autre pour changer les morceaux
de musique, — voilà des associés ! — des associés que la Société peut
changer chaque jour ! — Quel lien social !

Alors, des artistes qu'on a loués pour chanter, ou pour accompagner
des chanteurs sociétaires, voilà des associés ! — Ainsi, un chanteur de
renom, attaché à un théâtre de Paris, passe à Mulhouse, la Société le
prie de chanter au Jardin Zoologique ; il chante aujourd'hui, il est
payé, il part le lendemain, — voilà un associé ! — Quel lien social ! !

Associé, un artiste voyageur ! — Il pourrait donc être réputé associé
dans vingt villes où il chanterait ! — Il pourrait être poursuivi, condamné dans vingt villes ! — d'après la doctrine du jugement ! !

« Les quatre artistes doivent être réputés associés, *parce qu'ils coopéraient à la réalisation du but de la Société.* »

Mais alors, le portier qui garde le jardin pour la jouissance exclusive
des sociétaires ; — le jardinier qui entretient les allées pour les prome-
nades des sociétaires, ou qui cultive les fleurs, pour charmer leurs yeux ;
— le domestique qui balaie les kiosques et range les chaises, l'allumeur
de lampes, sont autant d'associés ; — tous ils sont salariés ! — Qu'importe ? — La Société pourrait-elle vivre sans leur coopération ?

Associés ! — des personnes qu'on peut remercier à volonté ! — La loi
civile, comme la loi pénale, proteste contre de pareilles conséquences.
Il n'y a pas société sans un lien qui ait une *durée* indiquée ou présumée
par les conventions. — L'associé est celui qui est copropriétaire de la
chose commune, qui a des droits qu'on ne peut lui enlever que par l'autorisation de la justice, et dans les cas prévus par les conventions *écrites*
ou *tacites*.

Cette idée que la *coopération* à l'accomplissement du but d'une Société peut changer les coopérants en véritables *sociétaires*, a été probablement puisée par les magistrats de Mulhouse dans un arrêt de la Cour de cassation de France, rendu le 2 mai 1846. — Mais ils n'ont pas certainement saisi le véritable sens de cet arrêt. — Il s'était fondé à Paris, sous le nom d'*Œuvre de Saint-Louis*, une association qui faisait, à la fois, de la politique et de la bienfaisance. Les membres titulaires n'étaient qu'au nombre de 20, mais ils s'étaient adjoint 19 commissaires-visiteurs, qui déliberaient dans le *Comité de secours*, et avaient même le droit d'accorder des secours d'urgence. La Cour de cassation jugea que de pareils coopérateurs étaient de véritables associés : « Attendu que ce qui « constitue essentiellement le fait d'association entre plusieurs individus, « c'est la communauté du but auquel ils s'engagent à coopérer (1). »

Mais est-ce que la coopération de ces commissaires-visiteurs, coopération *journalière*, *incessante*, résultant de conventions sociales, ayant pour but d'aider et d'accomplir un objet social persistant et *déterminé*, ressemblait en rien à la coopération *éphémère* des artistes qui ont joué ou chanté, le 4 septembre, au Jardin Zoologique ?

Le jugement d'appel du 23 avril partage toutes les erreurs du jugement de première instance. « On doit, dit-il, d'après l'esprit des lois « pénales, compter comme membres d'une réunion tous ceux qui pren- « nent part à l'entreprise de la société et à son objet, qui servent le *but* « de la société et concourent à son exécution, quelles que soient les « qualifications qu'on leur donne et les cartes qui les distinguent, et « que tous ensemble ils prennent part ou non aux soins particuliers « donnés par quelques-uns des membres pour *l'arrangement et l'ins-* « *tallation du local ou des productions musicales.* »

---

(1) *Journal du Palais*, 1846, t. 2 p. 296.

Le jugement d'appel pousse à l'extrême les conséquences de ce qu'il appelle l'esprit des lois pénales. — Il range, *de plein droit*, au nombre des sociétaires, même les menuisiers, les peintres, les *tapissiers* qui coopèrent à *l'arrangement* et à *l'installation* du local ! — Ils coopèrent à l'accomplissement du *but* de la société qui les emploie et les paie ! — Donc, etc.

Toutes ces conséquences sont tellement contraires à l'esprit de la loi civile et pénale, qu'elles doivent certainement entraîner la cassation de ces jugements. Jamais la haute cour de Leipzig n'admettra que des musiciens ou des chanteurs, engagés pour une soirée, payés pour une soirée, soient des sociétaires, dans le sens légal de l'art. 291 du Code pénal. — Le jugement d'appel lui-même condamne l'exagération de ses propres affirmations et se contredit à quelques lignes de distance, car il reconnaît plus loin « que les gens de service et le *personnel musical* « doivent, bien entendu, *rester hors de compte*. »

Mais alors, si le personnel musical ne doit pas être compté au nombre des membres de la société, les véritables sociétaires ne seraient plus qu'au nombre de dix-neuf, même en y comprenant M. Krantz « qu'on ne saurait assimiller au personnel musical payé ; » — ils ne seraient certainement pas au nombre de plus de vingt ; — et les jugements devraient être cassés pour fausse application de l'art. 291 et de la loi du 10 avril 1834.

Enfin la haute Cour de cassation ne pourra jamais consacrer en principe que de simples suppositions puissent servir de base à une condamnation. — Peut-il suffire de dire avec les juges d'appel « qu'une organi- « sation intérieure existait *sans doute ?* »

« Qu'aux trois grandes fêtes ont dû assister *sans doute* beaucoup plus « de vingt personnes ? »

Et, parce qu'il y aurait eu *une fois*, dans la réunion 4 septembre, plus de vingt personnes, comment peut-on en conclure, sinon par pure supposition, qu'il y avait plus de vingt personnes dans les réunions précédentes !

Tout juge doit *affirmer* d'après des preuves et non *supposer*.

Le jugement d'appel continue ensuite à accumuler des suppositions et des hypothèses :

« La demande d'autorisation qui a été faite prouve que la société se
« composait alors de beaucoup plus de personnes que les prévenus au-
« raient voulu le faire croire plus tard !» — Cette demande d'autorisation prouve seulement que les prévenus auraient voulu étendre *légalement* leur nombre au-delà de vingt personnes; mais elle ne prouve certainement pas qu'ils se soient associés plus de vingt, après le refus de cette autorisation (*qu'ils n'avaient pas sollicitée*).

Rien ne prouve donc d'une manière juridique que la prétendue association reprochée aux consultants ait dépassé le nombre de dix-huit ou dix-neuf personnes *réellement sociétaires;* — et les jugements doivent être cassés pour cet autre vice : — Fausse application de l'art. 291 du Code pénal et de la loi du 10 avail 1834, *quant au nombre des associés.*

EN RÉSUMÉ

1° *En la forme*, les deux jugements doivent être cassés pour avoir été rendus sur une instruction écrite, — pour défaut de publicité dans l'instruction de l'audience.

Le jugement d'appel doit encore être cassé, parce que l'audience du 21 avril 1873, où se sont passés l'instruction et les débats, est présumée, de plein droit, n'avoir pas été publique.

2° *Subsidiairement et au fond :*

Les deux jugements doivent être cassés pour avoir appliqué à une *réunion non publique* des lois abrogées;

Pour avoir confondu la communion ou indivision avec l'association;

Pour n'avoir indiqué aucun des caractères légaux qui peuvent constituer l'association reprochée aux consultants, et, par suite, pour avoir violé tous les principes de la loi qui constituent un *associé*, en confondant des salariés ou des artistes payés pour une soirée avec de véritables sociétaires ;

Pour fausse application de la loi pénale à une association qu'une instruction publique et régulière n'a pas prouvé excéder le nombre de vingt personnes.

Pour fausse application de la loi pénale, en l'appliquant à *un seul* fait de réunion de plus de vingt personnes, celle du 4 septembre, tandis que la loi pénale suppose une intention de *permanence* dans les réunions de plus de vingt personnes.

Pour fausse application de la loi pénale en l'appliquant à des réunions, antérieures au 4 septembre, dont le personnel extra-légal n'est établi, au milieu de *doutes*, que par de simples présomptions et de simples suppositions.

Enfin pour avoir faussé l'esprit de la loi pénale et, par suite, violé cette loi, en incriminant *un but* d'association tout à fait inoffensif, celui de s'amuser et de se divertir en commun au nombre de plus de vingt personnes.

Délibéré à Paris, ce 30 juillet 1873.

J. F. Dupont (de Bussac),
Avocat à la Cour d'appel de Paris.

Paris. — Imp. Moderne, Barthier, Dʳ, rue J.-J.-Rousseau, 61.